青少年信息技术科普丛书

有问必答的智能搜索

蒲菊华　熊　璋　著
李晨璐　王亚青　绘

机械工业出版社
CHINA MACHINE PRESS

小朋友们在日常学习和生活中，可能会遇到很多想知道，却还不太清楚的问题。比如，看到一个不认识的字，想知道它念什么，表示什么意思；学习了一篇名家名作，想了解作者的详细信息或其他作品；想知道"萤火虫为什么会发光"等科学问题的答案。每当碰到这样、那样的问题时，我们都用哪些方法解决呢？问老师、同学？问父母、长辈？还是自己查字典或翻书？其实，除了上述传统的方法，在当前的信息时代，大家还可以借助搜索工具，自行搜索来寻求答案。搜索工具帮助我们在浩如烟海的信息中寻找问题的答案。可什么是搜索？为什么可以搜索？哪些可以搜索？本书将为小读者逐一解开上述谜题，带领小读者走进丰富多彩的搜索世界。

图书在版编目（CIP）数据

有问必答的智能搜索 / 蒲菊华，熊璋著；李晨璐，王亚青绘. — 北京：机械工业出版社，2022.10（2024.7重印）
（青少年信息技术科普丛书）
ISBN 978-7-111-71613-6

Ⅰ. ①有… Ⅱ. ①蒲… ②熊… ③李… ④王… Ⅲ. ①信息检索－青少年读物 Ⅳ. ①G254.9-49

中国版本图书馆CIP数据核字（2022）第172370号

机械工业出版社（北京市百万庄大街22号　邮政编码100037）
策划编辑：黄丽梅　　　　　责任编辑：卢婉冬
责任校对：贾海霞　王明欣　责任印制：邓　博
北京盛通印刷股份有限公司印刷

2024年7月第1版第2次印刷
140mm×203mm・3.75印张・40千字
标准书号：ISBN 978-7-111-71613-6
定价：39.00元

电话服务　　　　　　　　　网络服务
客服电话：010-88361066　　机　工　官　网：www.cmpbook.com
　　　　　010-88379833　　机　工　官　博：weibo.com/cmp1952
　　　　　010-68326294　　金　书　网：www.golden-book.com
封底无防伪标均为盗版　　　机工教育服务网：www.cmpedu.com

青少年信息技术科普丛书编委会

主 任 委 员： 熊　璋

副主任委员： 何素兴　秦建军

委　　　员： 蒲菊华　李　楠　曹　健　曲　卫
王亚青　许一凡　佟雨阳　李晨璐
张旭东　柴　越　吴　媛　郭艳玫
苗秀杰　孙小莉　田　园　赵　冉
闫　宏　陈　洁　王　雪　连　洁
张英姿　周丽娟　冯淑娟　赵　珊
郭保青　胡　标　王　俊　马晓轩
金　萍　郝　君　苑　旺　彭　琦
马　红　陶　静　刀力为　张博华
靳华瑞　付　雪　崔子千　朱　葛
郑京晶　赵　悦　贾晨薇　鲍　彬
李春图　李　钢　王　美　李冰茜
胡依凡

丛书序

信息技术是与人们生产生活联系最为密切、发展最为迅猛的前沿科技领域之一，对广大青少年的思维、学习、社交、生活方式产生了深刻的影响，在给他们数字化学习生活带来便利的同时，电子产品使用过量过当、信息伦理与安全等问题已成为全社会关注的话题。如何把对数码产品的触碰提升为探索知识的好奇心，培养和激发青少年探索信息科技的兴趣，使他们适应在线社会，是青少年健康成长的基础。

在国家《义务教育信息科技课程标准》（已于2022年4月出台）起草过程中，相关专家就认为信息科技的校内课程和前沿知识科普应作为一个整体进行统筹考虑，但是放眼全球，内容新、成套系、符合青少年认知特点的信息技术科普图书乏善可陈。承蒙中国科协科普中国创作出版扶持计划资助，我们特意编写了本套丛书，旨在让青少年体验身边的前沿信息科技，提升他们的数字素养，引导广大青少年关注物理世界与数字世界的关联、主动迎接和融入数字科学与技术促进社会发展的进程。

  本套书采用生动活泼的语言，辅以情景式漫画，使读者能直观地了解科技知识以及背后有趣的故事。

  书中错漏之处欢迎广大读者批评指正。

目 录

丛书序

第1章　什么是搜索？

搜索的应用	002
搜索工具及其工作方式	011
搜索的过程	016
关于搜索的其他问题	029

第2章 为什么可以搜索?

搜索技术之分词　　　　　　038

搜索技术之爬虫　　　　　　053

搜索技术之排序　　　　　　061

搜索技术之存储　　　　　　075

搜索的结果　　　　　　　　082

第3章 哪些可以搜索?

图片搜索　　　　　　　　　092

音乐搜索　　　　　　　　　095

搜索的发展　　　　　　　　101

后　记

科普教育之北京科学中心　　　　112

第 1 章
什么是搜索?

生活中有各种搜索工具，帮助我们在浩如烟海的信息中寻找问题的答案。可搜索是什么呢？搜索工具有哪些？我们又是如何进行搜索的呢？在本章中将用图文并茂的方式，介绍生活中搜索的应用、常见的搜索工具及其工作方式，并简要介绍搜索的过程与相关技术，让我们一窥搜索的全貌吧。

搜索的应用

在日常学习和生活中，我们会遇到很多想知道，却还不太清楚的问题。比如看到一个不认识的字，想知道它念什么，表示什么意思；学习了一篇名家名作，想了解作者的详细信息或他/她还有哪些有名的作品；想知道"萤火虫为什么会发光"等科学问题的答案。每当碰到这样、那样的问题时，我们都用哪些方法解决呢？问老师、同学？问父母、长辈？还是自己查字典或翻书？这些传统的方法，或许都可以解决问题。

但其实,除了上述传统的方法,在当前的信息时代,大家还可以借助搜索工具,自行搜索来寻求答案。

在了解什么是搜索之前,我们先来通过实际应用感受一下搜索的魅力吧。

放学了,小华拉着妈妈的手,蹦蹦跳跳地走在路上,和妈妈聊着学校的事情。小华说:"妈妈,今天我们学习了叶圣陶的文章《记金华的双龙洞》,老师让我们回家后进一步了解叶圣陶,您给我讲讲他吧。"

妈妈说:"其实你可以自己解决的呀,学习碰到了困难,可以先自己试着想办法来解决。"

"自己解决?我们今天第一次学他的课文,以前从来没学过,我怎么去了解呀?"小华疑惑地问妈妈。

妈妈说"你可以搜索呀。"于是,妈妈拿出手机,教小华点开某搜索引擎,输入"叶圣陶",搜出来很多有关叶圣陶的介绍。妈妈随即点开其中的一个介绍,让小华自己阅读。小华发现,里面的介绍非常全面:人物生平、人物轶事、人物贡献、个人作品、人物评价……小华津津有味地读起来,读完不住地感叹:"哇,太神奇了,一下子能查出来这么多东西,真是太方便了。"

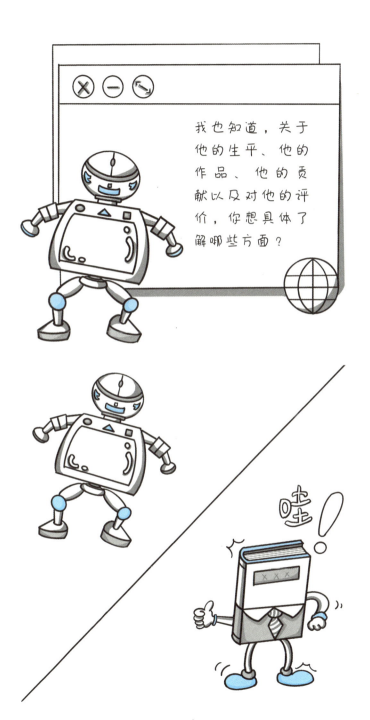

小华惊讶于搜索的魅力,兴致盎然地要妈妈再搜索一些她感兴趣的内容。妈妈知道小华最喜欢中国灯笼,每年过年在路上遇到各式灯笼都特别兴奋。于是,她在搜索框中输入"灯笼",不光搜索出来关于灯笼的介绍,还可以看到很多灯笼的图片。

妈妈又趁机跟她讲:"搜索可厉害了,不光能搜索文字介绍,还能搜索图片和视频,只要在搜索框下面选择'图片'或'视频'标签就可以了。所以,你以后碰到问题,可以试试这个办法哟。"

搜索工具及其工作方式

第二天,小华到了学校,特别得意地给她的好朋友小夏讲解搜索的神奇。小夏特别羡慕,半信半疑地问小华:"搜索真的有这么神奇吗?它为啥可以搜到这么多信息呢?"小华挠挠耳朵,红着脸说:"我也不知道,昨天我就光顾着搜索了,没有问妈妈。"

于是,晚上放学回到家,小华又用小夏问她的问题来问妈妈。妈妈说:"我是学美术的,这些也只是平常使用过,原理还真不知道呢,不过你可以自己搜索看看能不能知道它的原理。"她们输入"搜索"或"搜一搜",都没有比较好的、能让小朋友容易理解的讲解搜索原理的内容。

忽然,妈妈想起了什么,跟小华说:"咱们一起去找小夏妈妈请教吧,小夏妈妈可是计算机专业毕业的呀。"两个妈妈通电话，约定第二天周六一起带上孩子们去公园，顺便给他们讲讲什么是搜索。

小夏妈妈放下电话，告诉小夏，明天将跟小华一起去公园，给他们好好讲讲搜索的事儿。小夏高兴地跳了起来。

晚上，等小夏睡下，小夏妈妈开始准备第二天为孩子们讲解所需要的内容。首先，她在纸条上打印了七个字并把每个字单独裁下来："乒""乓""球""拍""卖""完""了"。然后，小夏妈妈还打印了一句特别拗口的话：我知道你不知道我知道你不知道我知道。最后，小夏妈妈又把小夏的一套套娃放在了包里。

周六早上，小夏妈妈收拾东西，除了跟平常一样，带了小夏学习用的平板电脑，还带了自己的工作电脑。小夏好奇地问："妈妈,今天您不是要带我去找小华玩,给我们讲搜索吗?您把工作电脑带上干什么呢?难道您要工作吗?"妈妈笑着说:"到时候你就知道啦。"

很快他们都到了公园。两个小伙伴平常出去玩,见面第一件事都是迫不及待地分享带了什么好吃的、好玩的,或者什么故事书,而今天见面,第一件事就是缠着小夏妈妈给讲搜索。小华说:"阿姨,您快给我讲讲搜索为什么这么神奇,可以搜出来这么多信息呢?"小夏也附和着小华缠着妈妈。小夏妈妈没有马上给他们讲,而是看着路边的一丛花问他们:"你们知道这是什么花吗?"两个小朋友齐声答道:"不知道。"听罢,小夏妈妈并没有立刻告诉他们答案,而是故作神秘地说:"咱们可以使用图片搜索来查一查,看看这到底是什么花。"一听到这里,小华立刻说:"阿姨,图片搜索我知道,昨天我和妈妈搜过灯笼,出来好多灯笼的图片呢,可漂亮啦。"不过,她好像想起来什么,转头问小夏妈妈:"阿姨,我们昨天搜灯笼的时候,是在搜索框里写了'灯笼',可是我们根本不知道这个花叫什么名字,怎么能搜索出来呢?"

小夏妈妈笑了笑,没有直接回答小华的问题,她拿出手机拍了几张花的照片后,继续向平常搭帐篷的地方走去。来到搭帐篷的地方,妈妈们忙着搭帐篷,两个小伙伴也不像平常一样来当小帮手了。小华迫不及待地拿着平板电脑给小夏展示搜索的神奇魅力。

等妈妈们搭好帐篷,小夏妈妈先是拿出手机,打开某搜索引擎,选中刚才拍摄的花的照片,然后搜索出来结果,告诉他们:"这是唐菖蒲。"

随即,小夏妈妈说:"下面我来讲一讲到底有哪些搜索是你们可能会用到的。"

典型的包括文本搜索、图片搜索、音乐搜索等。

1)文本搜索。所谓文本搜索,就是在搜索框中输入文字,用文字来表达我们到底想搜索什么。

2)图片搜索。所谓图片搜索,不是说搜索的结果是图片,而是说,我们想知道图片上的内容,即图片是我们想搜索的内容。比如我们有不认识的花,就可以拍一张照片,用照片来表达我们到底想搜索什么。

3）音乐搜索。所谓音乐搜索，就是我们偶然听到一段不知道名字的音乐，可以把听到的这段音乐输入系统，相当于告诉系统说我们想搜索这段音乐对应的名称及内容。

小夏妈妈继续介绍，现在有很多搜索引擎工具，大家可以根据自己的需求，进行选取。

两个小伙伴听完小夏妈妈的介绍，兴奋不已，各自拿着平板电脑进行各种尝试，一边尝试一边议论个不停。

常见的搜索引擎工具有：百度、谷歌、雅虎、微软必应、360、搜狗、搜搜、有道等。

搜索的过程

等两个小朋友搜索得差不多了，小夏妈妈问他们："你们尝试了这么多搜索，现在谁能给我讲讲，搜索的大概过程是怎样的呢？"

"输入我想知道的，然后它就告诉我结果了。"小华抢先回答。

小夏妈妈说:"是的,但这是表面现象。"于是她开始详细地介绍搜索的过程。首先你输入问题,一个叫"搜索引擎"的家伙先要读懂你输入的到底是什么,也就是说,它需要明白你想找什么问题的答案。然后,理解了你的问题以后,搜索引擎会去找答案;可能会找到很多跟你想了解的问题相关的答案,它会把所有这些答案进行筛选和排序;最后再按照排好的顺序把答案显示给你看。所以啊,这里有三个非常核心的概念:

搜:就是大量信息的爬取(由叫作爬虫的工具实现),再对爬取回来的信息进行智能提取、排重、质量分析等处理。

索:指经大量处理后信息的排序、存储、快速查询等。

引擎:要求系统不但能存储很多很多的数据,还要有巨大的并发处理能力,这样的系统才有资格被叫作"引擎"。

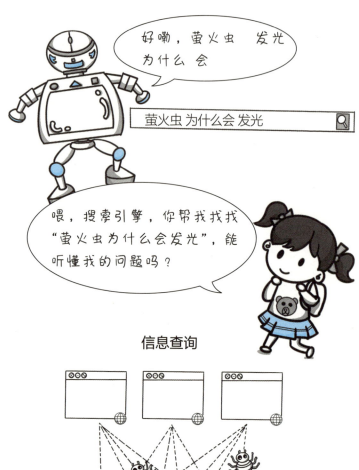

信息查询

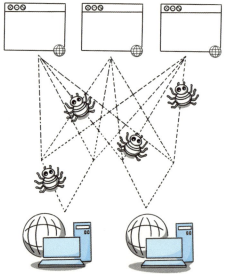

信息爬取

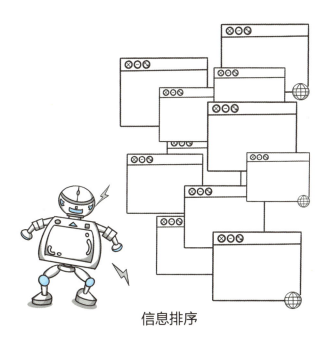

信息排序

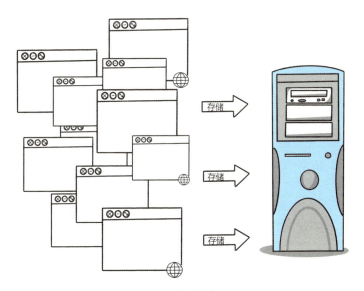

信息存储

小夏妈妈说："你们是不是觉得搜索很方便呀。不过你们有没有想过，为什么有搜索呢？"两个小朋友把头摇得像拨浪鼓。

这时，小夏妈妈又说："那我们先来看一个找书的例子。比如小华你想找《西游记》这本书。如果是在自己家里找，因为家里的藏书数量相对比较少，所以很容易就知道家里有没有这本书，或者知道妈妈给买过这本书，在家里找到它比较容易。"

小华打断小夏妈妈说："阿姨，我家的书可多了，妈妈给我买了好多好多的书。"

小夏妈妈笑着说："是，小华爱阅读，所以妈妈给你买了很多书，但是阿姨说的这个书多书少是相对的。小华的书可能跟其他小朋友的比确实不少，但是如果跟国家图书馆的藏书数量相比，小华的书是不是就算少的了呀？"

小华不好意思地笑笑："那肯定的呀，阿

姨，妈妈带我去过国家图书馆，那里简直就是书的海洋。"

小夏妈妈接着说："对呀，图书馆有那么多的书，如果小华想找《西游记》，那可就不会像在家里找书这么简单啦。如果在图书馆找书还像是在家里一样，一本一本地找，那就太费劲啦。"

小夏妈妈用找书的问题来帮助小朋友理解。首先是我们在家里找书，因为书的数量并不是很多，可以直接在书架上找就可以了，不会太费时间。但是，如果我们到图书馆找书，图书馆有很多层，每一层有很多书架，每个书架上又有很多的书。所以，这时候我们要找一本书，根本不知道在哪里，如果还是直接到书架上找，最坏的情况是你找遍了图书馆所有的书架，才可能找到你想要的书。如果图书馆根本就没有这本书，你也只有找遍了图书馆所有的书架才会知道。

解决这个问题最简单的办法是把书分类，同种类别的书放在同一层的书架上；并建立一个记录本，记录如下信息：每一本书在哪一层的哪个书架上。这样，如果我们想看某一本书，可以先翻看记录本，根据书的类别和名字在记录本上找到，看看这本书具体在哪一层的哪个书架，然后直接去这个书架取书就可以了。当然，如果记录本上找不到，就意味着图书馆没有这本书。翻看记录本找不到这本书可能让我们很沮丧，但也比我们翻遍图书馆的所有书架才知道没有要简单得多。

当然，这个记录本是一个形象的说法，真正的图书馆，是有一个图书管理系统的，系统里记录了所有书的存放情况。我们要找书，可以把自己要找的书的基本信息，"告诉"这个图书管理系统，它会自动搜索处理并把结果反馈给我们。它会告诉我们图书馆有没有这本书，如果有的话，这本书存放在什么位置；甚至可能会有关于这本书的基本介绍。我们可以先看看基本介绍，决定是否真的要看这本书。

家里，可以对着整齐的书架找

图书馆，人工找，找了很久非常沮丧

图书馆，找到最后，没有这本书

图书馆，用图书管理系统，直接查到没有某本书；或者查到某本书在具体哪个位置，直接精确定位取书

在有网络之前，人们找信息可能需要查阅书籍、报纸、杂志。后来有了网络，人们可以在网络上发布信息，也可以在网络上查找信息。最初的网站比较少，信息也不多，要查找信息，可以逐一浏览主要权威网站来进行人工查找，这个时候是"人找信息"的模式。这就好比我们在家里找一本书，可以逐一查找。但是随着网站数量的增多，信息量的极大增加，人们要找信息，可能都不知道哪个网站上有。所以，原来"人找信息"的模式已经不适用了，于是就出现了专门的搜索工具（搜索引擎）。人们想要找什么信息，只要告诉搜索工具，搜索工具了解人们的需求以后，会自动去不同网站帮人们找相关的信息。这种模式，有点类似上述在图书馆找书的模式，由工具来辅助我们完成繁杂的"找"的过程。

此外，你们已经体会到了搜索的强大，而强大的搜索工具背后，需要有强大的计算机系统做支持。如果计算机本身的计算能力有限，就不能在信息的海洋里找到人们需要的信息。而事实上，自1946年计算机出现以后，计算机系统的发展特别迅速，足以支撑搜索工具。

随着网上信息的爆炸式增长，从人们的实际需求来讲，需要搜索工具；同时，从技术的角度来讲，计算机硬件技术的发展和硬件性能的不断提升，也可以支撑搜索的应用。在这样的双重背景下，搜索工具得以快速发展。

关于搜索的其他问题

小夏妈妈继续问两个小朋友:"我已经给你们讲完了搜索到底是怎么回事儿了,你们是不是都懂了呢?"两个小朋友却说:"大概是明白了,不过不懂的问题更多了。"小夏妈妈故作惊讶状:"啊,那我岂不是白讲了。"但其实她心里非常开心,因为她知道,这说明两个小朋友听进去了自己刚才的讲解,更重要的是,他们在一边听一边思考,所以才会有更多的问题。

于是,小夏妈妈问道:"那你们还有哪些问题呢,还想知道什么呢?"

小华说:"我想知道搜索是怎么理解我的问题的?"

小夏说:"对,妈妈。我也想知道,而且我还想知道它的答案是从哪里来的,谁告诉它的？"

小华也好奇地问："对呀，阿姨，它去哪里找的这些答案呢？"

小华还没来得及继续说呢，被小夏迫不及待地抢问道："我还有一个问题，妈妈刚才说系统会把它找到的答案进行筛选，是怎么筛选的呢？"

小华也补充道："对，它的答案对不对，有没有错的呢？还有，我们刚才试着搜索的信息，输入问题以后很快就有结果了，为什么它能这么快就找到问题的答案呢？"

小华又说："随便在哪里搜索都可以找到答案吗？"

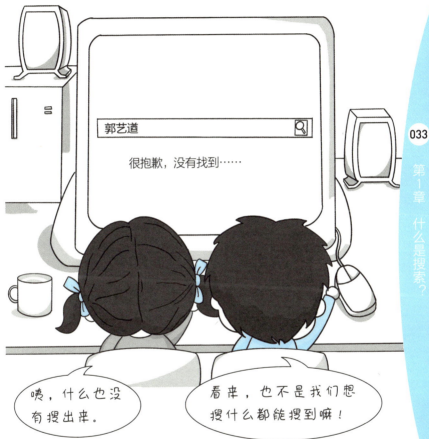

小夏妈妈听两个小朋友争先恐后地抛出一个个问题,很是欣慰。她继续解释道:"孩子们,你们关注的这些问题,已经涉及搜索的核心技术层面啦,它们包括如下几个方面:

1)搜索引擎是如何理解人们到底想搜什么的?这个嘛,是由分词等语言处理技术来解决的。

2)搜索的答案是从何而来,通过什么方式、从哪里找到这些答案呢?这个则是由网络爬虫来辅助解决的。

3)搜索引擎找到了很多相关的结果,怎么从中筛选和选择我们想要的答案呢?这个是由排序方法来解决的。

4)输入搜索内容后,系统能快速地反馈结果,如何能做到如此快速地反馈结果呢?这个嘛,则由存储和索引技术来辅助解决。

此外,还有其他一些开放的问题需要我们思考,比如:

1）搜索反馈的结果一定准确吗？我们是不是可以一直相信搜索反馈的结果呢？

2）除了前面提到的常用的搜索，还有其他更有特色的搜索吗？还会有哪些发展呢？

上面这些都是搜索引擎的核心技术，后面我会就这几个核心技术来给你们简单分析。当然，还有很多其他的技术，等你们长大一些，可以自己去系统地探索，甚至可以研究搜索有没有什么不足之处，说不定以后你们两个会对搜索技术的发展做出贡献呢！"

第 2 章

为什么可以搜索?

懂音乐的人听到琴声就能明白演奏者的心意，智能的搜索工具凭着一点信息就能给出我们想要的答案。搜索是如何理解我们的问题，又是如何找到合适的信息并给出准确的答案呢？本章将简要介绍搜索中涉及的分词、爬虫、排序、存储等技术，并揭示搜索工具"智慧"的来源。

搜索技术之分词

小夏妈妈说："在介绍分词之前，我们先来看一个具体的例子。"

"咱们现在是在奥林匹克森林公园，那我们就来搜一下'奥运会'，你们观察一下，第一眼看到的是什么呢？"

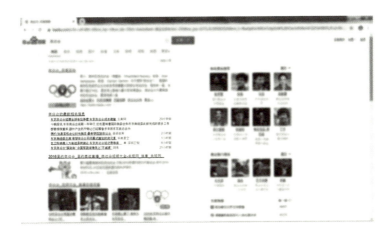

"奥运会"搜索结果

小华说:"有些词标成红色了。"

小夏说:"对,有些词标红了,而且标红的词就是妈妈刚才输入的'奥运会'。"

小华说:"也不全是,阿姨输入的是'奥运会',但这里把'奥林匹克运动会'也标红了。"

小夏妈妈说:"好的,那我们再看另一个例子。"接着,小夏妈妈在搜索框中输入了"奥运会举办过多少届了",结果展示如下页图。

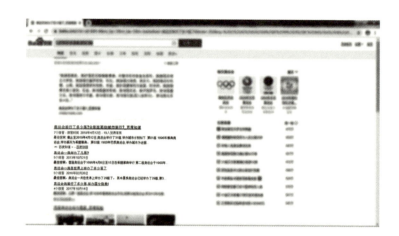

小夏妈妈让两个小朋友再仔细观察一下。

小夏说:"也有标红的词呢!咦?这次标红的词虽然也是妈妈输入的那些,但怎么跟第一次不一样,有的不是连在一起的,而是分开了?"

小华补充道:"看,标红的这些词,有的前后顺序还变了呢!"

小夏说:"不仅顺序有改变,有些词的划分组合方式也不一样呢!"

小华说:"有些单词是我们输入词语的近义词,它们也被标红了!"

小夏妈妈看他们讨论得差不多了，就说："孩子们，你们都观察得很仔细，我给你们总结一下：输入的搜索内容如果比较长，就会被分开，这就叫作分词，在搜索领域比较常见。下面我就给你们讲一讲分词。"

1. 什么是分词，为什么要进行分词

分词就是将连续的一串字，按照一定的规范重新组合，划分成一系列词的过程。分词在中文搜索里尤其重要，我们知道，在英文中，词与词之间是有空格进行分割的，但是中文不一样，中文在每一句话后面由标点符号隔开了，但是在一句话内部，词与词之间却没有分开。我们在读句子的过程中，实际上是按照词语及其组合来理解句子的意思。比如上面我们提到的"奥运会举办过多少届了"，对于这个句子，除了辅助词"了"之外，其他的词语，我们自然是按照"奥运会

举办过 多少 届"这样切分来理解整个句子的意思。小夏妈妈又在搜索框中输入"萤火虫为什么会发光",并告诉孩子们,我们读到这句话的时候,自然就按照"萤火虫/为什么/会/发光"来切分理解句子。也就是说,对句子意思的理解,离不开对句子中的词语进行切分。

在搜索当中也是一样,搜索引擎收到人们的某个搜索内容后,首先对搜索内容进行分词,然后根据分词结果去搜索答案。下图是输入"萤火虫为什么会发光"后,系统反馈的一个结果。其中红色标注的词就是分出来的词。

萤火虫 为什么 会 发光

萤火虫为什么会发光? - 9694化工网
萤火虫的发光是生物发光的一种。萤火虫的发光原理是:萤火虫有专门的发光细胞,在发光细胞中有两类化学物质,一类被称作荧光素(在萤火虫中的称为萤火虫荧光素),另一类…

事实上，分词在搜索中非常关键，只有进行分词，对分词结果建立索引后，才能进行搜索。早期的搜索引擎会对搜索的中文文字进行拆分，分为一个一个单独的字，按照单个字的搜索匹配，搜索效果比较差。也就是说，搜索出来的结果，可能很多都跟我们的问题不相关。

2. 怎么进行分词

讲完这些，小夏妈妈问："你们现在明白什么是分词了吧，那你们知道怎么进行分词吗？"

小夏说："分词呀，那还不简单，我们从小学一年级学生字的时候老师就让我们组词，所以直接看句子里哪些字组成一个词语，我们就把它们分在一起呗。然后就能理解了。"

一旁的小华若有所思地点点头，不过很

快就在嘀咕:"会不会有些句子可以有不同的分法呢?"

小夏妈妈看着小华,赞许地说:"小华说得非常对,有的时候,就会出现这样的情况。同样的一句话,可能有不同的分词方式,而且如果词语按照不同的方式来进行切分,句子表达的意思可能会大不相同。所以要将中文句子分成一个一个的词语是相当复杂的。"

说到这里,小夏妈妈拿出事先打印好的纸条"我知道你不知道我知道你不知道我知道",问两个小朋友:"对于这一句话,你们可以想出多少种断句方法呢?"两个小朋友一看,顿时来了精神,七嘴八舌地读起来。最后,小夏妈妈给出了总结,可以用下页图来表示。

我知道你不知道我知道你不知道我知道你不知道

由此可见，对于同一个句子，可以有多种分词方法，表达的意思也就完全不一样了。而且对分词和句子的理解，要放在具体的语言环境中。接着，小夏妈妈说："刚才这个句子比较拗口，可能有不同的理解方式。下面我们看一个简单点的句子。"于是，小夏妈妈拿出事先准备好的 7 个字的纸片："乒""乓""球""拍""卖""完""了"。让孩子们试着摆一摆组成一个句子。小朋友们很快摆出了"乒乓球拍卖完了"。小夏妈妈问他们："你们觉得什么情况下会说这句话，到底是什么意思呢？"。

"那还不简单，比如在商店我去买乒乓球拍，售货员告诉我没有了，卖完了。"小华抢先答道。

小夏妈妈说："小华说的没有错，这个场景也是大家最容易想到的场景。但是，这么简单的一个句子，也可能有不同的理解方式，从而产生歧义呢。这也是由不同的分词结果决定的。"于是，小夏妈妈举出了如下页图的两种不同场景，体现了对这句话的两种不同的理解方式。

看完这些例子，小华和小夏都不由地感叹中文太奇妙了，这么简单的几个词，都能有完全不一样的意思。对于计算机来说，要理解起来就更难啦。小夏妈妈说："是呀，机器也要学习才能较好地理解我们的语言呢，这就是机器学习。现在很多科学家都在研究怎么能让机器很好地学习我们的语言。对于搜索而言，就是怎样实现更好的分词。"

为了解决以上问题，中文分词在具体的算法实现上分为字符串匹配方法、基于理解的方法和基于统计的方法。

1. 字符串匹配方法

字符串匹配方法基于一个"足够大"的字典，该字典保存常见的单词，然后按照定义的规则进行词语的匹配。

比如运用最大切分原则，单词表中有"你、我、他、是、的、了、中国、中国人、中华民族"。

当待识别的句子为"我是中国人"的时候，按照最大切分原则，会进行如下切分。

1）首先匹配到"我"在单词表中有，"我是"在单词表中没有，因此最大切分匹配的第一个词语是"我"。

2）然后匹配"是"，在单词表中找到"是"。

3）然后匹配"中"，查不到这个词，进而查询"中国"，查询到了该词，接着继续查询"中国人"，单词表中也存在，根据最大切分，将单词匹配为"中国人"。

4）最终分词的结果就是"我 / 是 / 中国人"。

2. 基于理解的方法

基于理解的方法，其基本思想就是在分词的同时进行句法、语义分析，利用句法信息和语义信息来处理歧义现象。它通常包括三个部分：分词子系统、句法语义子系统、总控部分。在总控部分的协调下，分词子系统可以获得有关词、句子等的句法和语义信息来对分词歧义进行判断，即它模拟了人对句子的理解过程。这种分词方法需要使用大量的语言知识和信息。目前基于理解的方法主要有专家系统分词法和神经网络分词法等。这些也是比较难的分词方法，还有很多发展的空间。

基于理解的方法，提到了这么多的系统，小朋友们现在可能理解起来有些困难，等你们再长大一些，学习了其他知识后继续探索就明白啦。下面结合一个例子进行讲解。

对"叮当胡说的有道理"切分，如果不加以语义理解，有可能形成"叮当/胡说的/有道理"。因为这三个词都有可能出现，而且都还比较常用。但是，其实我们继续想一下就发现有问题了,一般地,"胡说的"不大可能"有道理";或者说"有道理"的就不大可能是"胡说的"。因此,当使用神经网络分词法时,对"胡说的"与"有道理"进行联系以后,会发现"胡说的"不符合语境,因此神经网络倾向于将语句划分为"叮当胡/说的/有道理"。

3. 基于统计的方法

小夏妈妈说:"下面我们来说说基于统计的方法。这个方法有很多种,其中有一种叫隐马尔可夫模型的分词方法。这个隐马尔科夫模型,你们可能觉得更陌生,暂时也不懂,但没有关系,我可以用一个浅显的例子让你们了解基于统计的分词方法。"

首先定义每个字可能对应的几个状态 [B, E, M, S],B 表示这个字是一个词语的开始字,E 表示这个字是一个词语的结束字,M 表示这个字是一个词语的中间字，S表示这个字是一个句子的结束字。

有了上面的状态定义，使用基于统计的方法一共有两个过程，首先需要语料来学习每个字状态转换的概率（即从一个状态转到另一个状态的可能性有多大），然后使用学习到的概率对词语进行划分。学习概率就类似调用我们大脑的历史记忆。

举例："小华就读于北京小学吗"。

概率模型凭借对之前语料的记忆就可以得到上述句子中每个字的状态预测结果：

小	华	就	读	于	北	京	小	学	吗
B	E	B	M	E	B	E	B	E	S

基于上述表格中的状态预测结果，就很容易把语句划分为：小华 / 就读于 / 北京 / 小学 / 吗。

搜索技术之爬虫

为了讲清楚爬虫的概念和原理,小夏妈妈又开始给他们举例啦。小夏妈妈说:"小华、小夏,刚才你们也看到了,当我们输入一个搜索词或句子以后,搜索引擎会反馈很多相关的答案。那么,你们知道这些答案是从哪里来的吗?"

小华和小夏瞪着大眼睛,把脑袋摇得像拨浪鼓,异口同声地问:"哪里来的呀?"

小夏妈妈说:"其实呀,这些答案是从网络上找到的,而且是从不同的网站上找到的。"小夏妈妈顺手在搜索框中输入"萤火虫为什么会发光",搜索引擎立马反馈很多像下页图一样的结果,有的来自百度知道,有的来自搜狐网,有的来自植物大全等(注意:搜索反馈结果跟所用搜索引擎、搜索时间等因素相关，所以读者如果读到此处进行搜索，反馈的结果有可能与图示结果不完全一致）。

小夏妈妈继续说道："其实，现在网络上的信息非常多，网页有上百亿个。而且信息增长的速度也非常快，所以网络上的网页会越来越多。那么，在我们输入要搜索的内容以后,搜索引擎怎么从这么多网页当中找到跟我们的问题相关的网页呢?这里就利用到了爬虫技术。我们可以打个比方,网络就相当于下图的蜘蛛网,网络上的信息(网页)相当于蜘蛛网上有很多食物,爬虫就好比这只蜘蛛,它会把网上有用的食物搬到自己家里来。爬虫的工作就和这只蜘蛛做的事情类似,把网络上有用的网页搬到自己知道的某个地方(服务器),这个过程就是爬取。"

不过，大家可别以为爬虫是一个真正的虫子，它其实是一个程序或者小工具，这个工具能够按照一定的规则，自动地爬取网络上的信息。爬虫爬取的对象包括：静态网页、动态网页、特殊内容、文件对象等。

1）静态网页：独立的文件，内容相对稳定，一般不提供与用户的交互。

2）动态网页：以数据库技术为基础，能实现与用户的交互。根据用户交互的不同而呈现出不同的内容结果。

3）特殊内容：是指网页上可能存在的特殊对象，如一幅图片、一段视频等。

4）文件对象：数据文件、文档和应用程序安装包等。

小夏妈妈继续说："我们现在知道了爬虫是什么，会爬取哪些信息。那你们一定想知道，爬虫是怎么爬取这些信息的呢？

那么多的网页,它是全部一股脑爬取下来吗?其实,爬虫聪明着呢,它不会把所有的信息都爬取下来。它会按照一定的爬取策略去网上搜寻,搜寻到合适的信息才会爬取下来。"

要想了解具体的爬取策略,我们先来看看网页之间的结构关系。当我们上网的时候,打开一个网页,上面有一些内容可以供我们查阅,但还有一些超链接的内容,当我们点击这些超链接时,会跳转到另一个网页上。在另一个网页上,可能还有一些超链接可以继续跳转。也就是说,网络上的网页是一个链接着另一个的。假设我们把一个网页用一个小圆圈表示,如果A网页链接到B网页,那我们就把表示A网页的圆圈和表示B网页的圆圈用线连起来。那网页之间的链接关系就可以用一个图来表示。

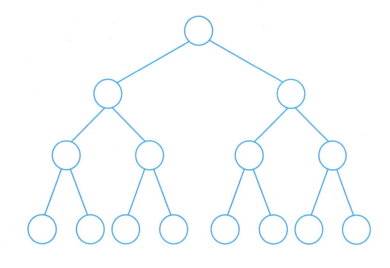

基于网页之间的链接关系,爬虫在爬取网页的时候,就可以有不同的爬取策略,包括深度优先搜索策略、广度优先搜索策略和合作爬取策略。

1. 深度优先搜索策略

所谓深度优先搜索策略,是指爬虫在访问一个网页的时候,访问完这个网页,接着往这个网页的下一级网页访问。即网络爬虫会从起始页开始,一个链接、一个链接跟踪下去，处理完这条线路上的所有可能链接之后，再转入下一个起始页，继续跟踪链接，如图所示。

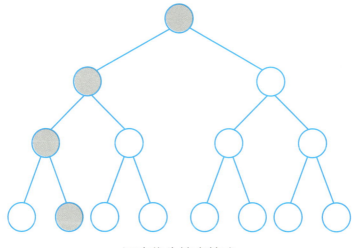

深度优先搜索策略

为了便于大家理解深度优先搜索策略，我们举一个生活中的例子。比如要在家里寻找某样东西，利用深度优先搜索策略，相当于从某一个房间开始找，找这个房间所有的角落（不含柜子和抽屉）。如果没有找到，则继续找这个房间每一个柜子或每一个抽屉。

如果还没有找到,再进入下一个房间去找。

2. 广度优先搜索策略

广度优先搜索策略是指爬虫在爬取到一个网页以后,下一步会爬取跟该网页同层级的另一个网页。广度优先搜索策略是按照层次进行搜索,如果此层没有搜索完成,不会进入下一层搜索。也就是说先完成一个层次的搜索,再进行下一层次的搜索,也称为分层处理,如图所示。

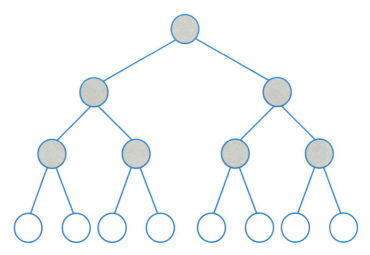

广度优先搜索策略

仍然是上述在房间中找东西的例子,从某一个房间开始找,先找房间所有角落(不含柜子和抽屉),如果没找到,再去别的房间找。如果所有房间都没有找到,再从第一个房间开始,继续在房间内的柜子里或抽屉里找。

3. 合作爬取策略

合作爬取策略是一种爬取提速的策略,主要是通过增加爬虫数量来提高总体的爬取速度。就像我们在房间里找东西的时候,让自己的朋友或者家长来帮忙,每个人分配几个房间,那么找到你想要的东西的整体时间就会大大缩短。

搜索技术之排序

小夏妈妈继续说:"你们看,爬虫能把不同网页上的信息都爬取下来,但是搜索引擎拿到这么多信息后,怎么显示给我们呢?也就是说这么多信息,哪些先显示,哪些后显示,这个有没有讲究呢?"小夏妈妈还是举刚刚提到的"萤火虫为什么会发光"的搜索例子。小朋友们会发现,当搜索"萤火虫为什么会发光"时,搜索引擎会给出好多好多的搜索结果,这些结果来源于不同的网站。结果多到搜索引擎都不能在一个网页中完全显示出来,所以就采用了分页展示的方式。小朋友们不妨认真观察一下反馈的所有结果。

　　认真阅读搜索引擎反馈的第一页的答案,我们发现大部分都是讲解萤火虫发光原理的,有的是文字讲解,有的是视频讲解。但是我们往后翻一翻,可以发现一个并不是萤火虫发光原理的网站链接,如图所示。其实该链接中也有我们要搜索的关键词"萤火虫为什么会发光",但它并不是我们想要的答案,因此搜索引擎把它放在了后面，这就是搜索引擎的排序算法。

那么，什么叫排序呢？小夏妈妈一边拿出事先准备好的套娃摆开，一边说道："这个是你们俩都玩过的套娃，你们也喜欢这么排一起玩，对吧？这就是对套娃进行了从大到小的排序。"

排好序的套娃们

"你们每次上体育课的时候,老师会让你们列队吧?"

小夏抢着说:"对呀,我们每次体育课列队的时候,是高个子在左边,矮个子在右边。"

小华补充道:"对,我们也是。而且我们列队的时候有四排,高个子在后面,矮个子在前面。"

小夏又问道:"妈妈,我们排队是按身高来排的,那搜索结果怎么排序呢?按照什么来排呢?是按照字的多少来排的吗?"

小夏妈妈赞许地点点头,说道:"小夏的问题很好啊!到底什么是排序?搜索结果怎么排序呢?"

什么是排序呢?比如,我们熟悉的这个套娃。如果把套娃一个个打开并按照从大到小的顺序排起来，就是一种排序。排序的条件是按照套娃的大小，排序的规则是大的在左、小的在右。

其实在生活中有许多排序的例子，并且排序的条件也是多种多样的。比如刚刚说的上体育课时，小朋友们按照身高来站队，这就是一个以身高为条件的排序过程。身高是可以度量的，能用尺子等工具给出具体数值，这样类似的条件还有大小、重量等。

在搜索中，搜索引擎会找到很多跟用户输入的内容相关的结果，这些结果按照什么样的先后顺序反馈给用户呢？这就需要对搜索结果进行排序。那么，搜索出来的这些信息，应该按照什么标准来进行排序呢？要想回答这个问题，就首先要看对于这些信息，有哪些可以度量的、可用于排序的指标。

不同搜索引擎有不同的指标，但总的来

说下面几个指标是比较常见的。这些指标，就好比是对网页的考核项，如果在这个指标上表现好，系统就给一个高分；如果在这个指标上表现不好，系统就给一个相对低点的分数，进而可以根据这个分数的高低来进行排序。在搜索引擎中，一般考查的指标包括以下几项。

1）网页内容与分词的匹配程度。如果匹配度很高，就会给这个网页加一个高分；反之，如果匹配度很低，就给一个很低的分数，甚至会减分。

2）网页过去一段时间内被点击的次数。如果有一个网页经常被访问，那么这个网页被当前用户访问的可能性也会大一些，所以会给这样的网页加分；反之，如果一个网页很少被其他用户访问过，那系统会认为，当前搜索的用户想访问这个网页的可能性也会很低，所以就会给低分或者减分。

3）网页所在网站的硬件指标也是可以度量的项。如果网站的网络好、系统稳定，那么这个网页被推荐的可能性也会变大，因此是加分项；反之，如果网页所在网站的硬件指标比较差，网络不好、系统不稳定，那么这个网页被推荐的可能性也会减小，因此，会给低分甚至减分。

4）网页的更新日期。网页的更新日期也是一项比较重要的内容。在信息日新月异的时代，大家都更喜欢查看最新的信息，因此这个也是加分项；反之，如果网页很陈旧，是几年前都没有更新过的内容，那该网页被推荐的可能性会降低，也有可能减分。

除此之外还有很多指标，搜索引擎会按照不同的权重将这些指标加起来，形成一个具体的数值，并根据这个数值的高低对网页进行排序，最后就形成了我们看到的已经排序好的推荐结果。

指标	加分	减分
网站硬件指标	网络好，系统稳定	网络不好，系统不稳定
网页大小	网页大小适中	网页过大或过小
网页更新/生成日期	日期近	日期远
检索出相关文档数与检索出的文档总数的比率	比率高	比率低
检索库容量	库容量大	库容量小
响应速度	获得检索结果时间短	获得检索结果时间长
服务稳定性	系统稳定	系统不稳定
死链接比例	检索结果URL链接无法点击的比例低	检索结果URL链接无法点击的比例高
重复链接比例	检索结果不出现重复、类似的结果	检索结果经常出现重复、类似的结果
用户满意度	满意度高	满意度低
界面友好性	界面布局合理，色彩搭配协调，术语有用	界面布局不合理，色彩搭配不协调，术语无用
帮助系统	系统易理解、易操作，有新手指引步骤	系统难理解、难操作，无新手指引步骤
广告数	数量少	数量多
文摘长度及可读性	长度简短或适中，可读性高	长度过长，可读性低

但仅仅使用这些指标，有时候不能非常合理地给出排序。就像体育课上按身高排队一样，假如某班男女生混合排列，很可能男生都被排到了后面，这样是不合理的。再比如，同样是按身高排队，因为不同年级的学生身高不同，如果不加以区分，高年级的同学就只能一直站在后面了。

体育课排序，把男女分开、高低年级分开，是一种分类行为。网页的排序也是如此，会分门别类来进行处理。

男女生混合排序，男生大部分都在后面

如果分开排列,男女生都有机会排到前面

搜索引擎将网页分成各种不同类型,比如分类为"体育""娱乐""天文""地理""电子产品""文具"等等,针对每一种分类,各自有一套专用的排序算法。

当查询词为"笔记本"时,查询结果为"电子产品"+"文具",排序算法为通用算法；但当查询词为"笔记本电脑"时，其分类就能确定为"电子产品"，其排序算法就采用"电子产品"类别的算法。

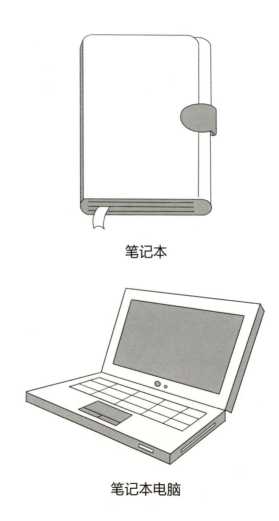

笔记本

笔记本电脑

小夏妈妈问道:"你们明白我刚刚讲解的内容了吗?"两个小朋友异口同声地回答道:"明白了,原来这里面有这么多学问。"

小夏妈妈又说:"其实搜索引擎排序,同样也有不能具体测量的排序方式。比如选出你最喜欢的三种水果,可能每个小朋友心中最喜欢的水果都是不一样的。"

小夏说:"我最喜欢葡萄、苹果和草莓。"

小华说:"我最喜欢西瓜、火龙果和榴梿。"

小夏妈妈说:"你看,你们两个最喜欢的水果都不一样,那如果再多问一些其他的小朋友,可能还会有更多的答案。因此,如果要搜索'水果',这种就是不能简单按照确定数值排序的条件了。这样的排序用的是个性化的排序方式,不同人对相同事物的排序会有所不同。因此这就涉及个性化推荐排序。如果妈妈是搜索引擎,在小朋友搜索'水果'的时候,妈妈会根据小朋友以前的搜索情况推荐水果,比如喜欢南方的还是北方的、喜欢偏酸口味的还是偏甜口味的等。搜索引擎也一样,很多引擎都会收集用户的喜好,并根据对用户的了解推荐给用户不同的搜索结果。"

搜索技术之存储

小夏妈妈说:"现在你们懂得,搜索引擎所搜索的内容,实质上是在网络中存在的信息,被搜索引擎爬取下来的。当使用者搜索时,搜索引擎就将相关信息反馈给用户。搜索引擎接收到要搜索的内容后,会根据用户输入的内容,首先进行分词来理解用户到底想找什么,再从网络上爬取的信息中找到最接近用户想要的结果,排好序后反馈给用户。"

那么,搜索引擎爬取下来的信息,是如何存放以及存放在哪里的呢?这就涉及信息存储技术。再比如,不同的时期,大众喜欢搜索的关键词也不一样,在电影《哪吒之魔童降世》热映阶段,大家都比较感兴趣,所以搜索相关的介绍和评论的人就会相对较多,搜索"哪吒之魔童降世"这个关键词的概率就多很多。由于网络上的页面众多，为了保证大家搜索的内容能即时呈现，对于这种人们相对更喜欢搜索的内容，搜索引擎总是把它存放在更方便访问的位置。但要达到这样的目标，也是离不开查询和存储等技术的。

随着互联网的持续发展，信息量越来越大，几乎每时每刻都有很多人在同时使用搜索引擎。在面对如此多的数据、如此多的查询需求，搜索引擎如何保证搜索的效率呢？当前的先进技术"分布式数据存储技术"就派上用场了。

怎么理解分布式数据存储技术呢？我们看一下这样的场景：老师让班长分发作业，由于班级里有50个人，每个人的作业都很厚，班长虽然能搬动，但是非常累，并且要一个人一个人分发作业，每个人都要等前面的人发完才能得到自己的作业。老师看到了这一状况，决定使用"分布式"的思想，不再让班长一个人分发作业，而是将班级分为5个小组，每组有一个组长来分发作业。每个组长可以轻松地抱走10份作业，并且很快地将10份作业分发下去。以前，如果班长请假，则班级中的作业无人发放，如今如果有一位组长请假，也不影响其他组的作业发放。为了保证作业一直都会有人负责发放，老师又想到一个处理办法，就是每个小组不仅有组长，还有副组长，当组长请假的时候，副组长就担任组长的职责。由于两个人同时请假的概率（可能性）很低，因此，几乎可以保证所有时间都有人分发作业。

班长抱着一大堆作业满头大汗

班长逐一分发作业

没有拿到作业的同学非常着急

有一天班长生病了,班里的作业无人分发

5个小组长分别领到10份作业,每个人都轻松地抱起了作业

5个小组长分发作业,很快就分发完成,每个同学都快速地拿到了作业

上面的例子，是班级作业分发的一种"分布式处理模式"。而对于分布式存储，其工作原理也类似，就是将数据存储在多个独立的服务器上，并采用一定的方法，让使用者能够实现对数据的透明访问（所谓透明，是指使用者并不需要关心数据到底存储在哪个服务器上）。在搜索引擎中采用分布式存储方式存储和处理数据，跟按小组分发作业类似，一方面，能够减轻每一个服务器的压力；另一方面，相应用户的存取速度也变快了。由于服务器大多数都有备份机，所以数据存储也相对安全，不会轻易丢失。

对于成熟的搜索引擎，搜索架构比我们想象的更加复杂，数据存储采用最先进的方法，即大综合体。比如百度的搜索查询会分发到大搜索、竞价系统、知识图谱检索提供等子系统中，而这几个子系统又采用很复杂的分布式系统。如果对这些技术感兴趣，大家可以在将来做深入的研究。

搜索的结果

在前面的示例中我们可以看到，会有不同的人搜索同一个内容，那他们的结果会一样吗？

在早期的时候，搜索引擎还没有发展得很全面，搜索词的分词、爬取、搜索结果的排序都使用固定算法，因此不同的人搜索同一个内容，结果往往是一样的。搜索引擎没有识别出坐在电脑前的你是什么喜好、什么类型的用户。

随着搜索引擎相关技术的发展，现在的大多数搜索引擎都设置了个性化推荐算法，它会根据用户的历史行为，分析用户的喜好，在用户进行搜索的时候，根据所猜测的用户的喜好来对搜索结果的排序进行调整。

比如小夏上网的时候喜欢浏览各种小鸟，有一天小夏搜索了"杜鹃"这个关键字，搜索引擎第一条就给出了漂亮杜鹃鸟的图片。而妈妈最近对养花感兴趣，所以最近浏览了很多与花卉相关的网页，妈妈在搜索"杜鹃"的时候，第一条出现的是"杜鹃花"的信息。

小夏搜索杜鹃：反馈杜鹃鸟

妈妈搜索杜鹃：反馈杜鹃花

小夏妈妈说:"不同的人搜索同一个内容,得到的结果可能不一样。那么,你们可以想一想,同一个人在不同时间或不同地点搜索同一个内容,搜索引擎反馈的结果会一样吗?"

小夏说:"应该一样吧,毕竟是同一个人在搜索,他的喜好肯定不会变呀。"小华说:"对,应该是一样的。"

小夏妈妈笑着说:"那可未必哟。"

早期搜索引擎只对搜索词进行处理,然后反馈对应的结果。现在很多搜索引擎不仅能够深入了解用户的喜好和特点,还能够根据当前的位置、时间等进一步优化搜索结果。

例如,我们现在是在北京,要搜索"特色小吃",那么搜索反馈的页面中很有可能出现老北京冰糖葫芦等。而在长沙的姑姑搜索"特色小吃",则很大概率会看到"长沙臭豆腐"。

除此之外,在不同时间搜索相同的词汇也会有不一样的结果。比如在一部热门影片上映之前搜索电影名或影片中人物,搜索结果可能更多的是预告片、上映公告等。等影片上映之后,再搜索电影名或影片中人物,则会出现更多影片评价、电影衍生出的周边产品介绍等。

小夏妈妈说:"说到这里,我想你们已经对搜索引擎的基本原理和使用方法有了更充分的了解。我现在问你们一个问题:你们觉得,是否可以完全相信搜索结果呢?"

我们说了那么多搜索引擎的好处,大家是不是觉得它完全没有缺点呢?搜索引擎也是一把双刃剑,它只是一个辅助的工具。由于信息繁多、杂乱,搜索引擎虽然在尽力筛选更有效的信息呈现给用户,但仍然需要我们擦亮双眼,认真甄别数据的可信度。

1. 注意识别广告

搜索引擎会在广告页面标出"广告"字样,对于广告的真实性我们要去甄别,特别是对于需要付费的内容或软件更要谨慎对待。

2. 提高安全意识

会有一些恶意的网站,利用搜索引擎的排序算法漏洞,将自己的页面搜索概率扩大,从而让用户看到自己网站的页面。如果不加甄别,随意点击,电脑很可能被木马病毒侵害。

好在现在很多浏览器、搜索引擎都会尽可能识别这样的页面并向我们发出预警,如果看到这种页面,在没有十足把握的情况下,一定不要随意点击。在没有取得正规、官方认证的页面不要输入自己的银行卡号、密码等私人信息。

3. 筛选权威的发布者

在如今的互联网时代,每个人都有可能成为信息的发布者,发布的信息也会被很多人看到。这虽然会带来信息的快速流动,但在数量巨大的信息中,总会夹杂着低质量的信息。例如,有些用户热衷于制造假新闻来博眼球。我们在浏览新闻的时候一定要选择正规、权威的新闻发布网站,尽可能地去已认证的官方网站收集信息。

搜索引擎是一个帮助我们增长知识、认识世界、了解信息的有力工具,我们需要不断学习这个工具的使用方法,甄别有效信息,最大程度地利用好它,让它为我们服务。

第 3 章
哪些可以搜索?

美丽的景色让人感到愉悦，动听的声音让人觉得幸福。如果搜索只能局限于文字，那该多么枯燥！幸运的是，如今的搜索已经突破了文字的限制，图片、音乐等都可以成为搜索的对象。使用搜索工具去寻找多样化的信息，我们将进入一个丰富多彩的世界。

图片搜索

前面举例的都是文字搜索，随着搜索技术的发展，图片搜索也开始被应用到很多地方。例如前面提到过的植物照片识别，还有某些购物网站商品识别功能和一些教育软件提供的识物功能等。

我们可以看到搜索引擎识别出了很多与之相似的图片。

图片不像文字一样能够通过分词再匹配进行识别，那么图片是如何进行检索的呢？这是一个非常复杂的过程，图片搜索使用了特征提取技术对图片进行编码，这个编码被称为图片的特征。我们可以理解为，这是记录图片信息的"文字"。图片库中有海量的图片和对应的图片特征，搜索引擎的图片库中也有海量的图片和对应的图片特征，在搜索时通过计算用户输入的搜索图片和图片库中图片的相似度，来反馈搜索结果，相似度越高排名越靠前。

　　我们可以看到，图片搜索的关键是需要提取出图片的特征，那么如何理解特征呢？特征可以是对物体比较具体的描述，例如一个物品的颜色、形状、纹理等。

　　如果使用这种特征编码方式，那么轮胎对应的特征"文字"就可以是"黑色、圆形、粗糙"。在计算机技术中，这些"文字"会使用数字进行编码,例如黑色对应数字"1"、红色对应数字"2"等。经过一番操作后,"轮胎图片"就变成用数字来表示特征了。

图片	主体颜色	形状	纹理	…
轮胎	黑色	圆形	粗糙	…
盘子	蓝色	圆形	光滑	…
平板电脑	蓝色	矩形	光滑	…

上面的例子是对提取图片特征最基本的理解。我们知道图片往往没有那么简单，它可能形状特别复杂，相同的物品随拍摄环境的变化，展现的颜色也会有所不同。在实际的特征编码中，表示特征的数字可能无法对应到具体的"颜色""形状"，而是对图片做更为抽象的描述。这个过程并不容易，所以图片识别至今仍是一个具有挑战的技术问题。

音乐搜索

小朋友们有没有遇到过这种情况：在外出游玩或购物的时候，无意间听到一家商场或公园里正在播放一段美妙的音乐，你很想知道这段音乐叫什么名字。怎么办呢？这时候音乐搜索就派上用场了。你可以打开一个带有音乐识别功能的应用软件，把所听到的这段音乐录下来，并使用应用软件进行搜索，如果这段音乐是公开发布的，那你就很可能找到并了解到更多关于这段音乐的信息。

这听起来是非常酷的技术,搜索的应用软件是如何做到的呢?其实如果小朋友理解了前面讲的图片搜索原理,就会自然而然想到,音乐搜索也是对音乐的片段进行了特征编码。

那音乐的特征到底有哪些,编码后"长"什么样呢,让我们先来看一个具体的例子。

下图是歌曲《茉莉花》的片段波形图,虽然看起来这只是弯弯曲曲的线条,但这其中包含了非常多的信息。工程师设计的方法,是将这些信息抽取出来,得到歌曲的"特征表示"。特征表示会包含歌曲的很多信息,直

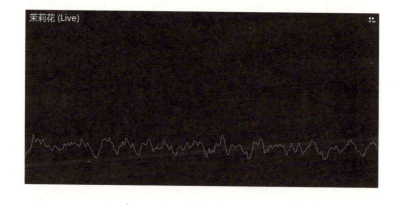

观来说可能会包含声音的高低、节奏的快慢、音色的类别等。为了方便检索，声音搜索系统还需要将"音乐库"中的音乐进行特征提取并记录下来，当用户在进行音乐检索的时候，搜索应用软件先将用户给出的音乐进行上述特征提取，然后把提取出来的特征和音乐库中所记录的音乐特征进行比对，如果在音乐库中找到了和要搜索的音乐特征一样的音乐，就意味着从音乐库中匹配成功，搜索系统会将匹配成功的音乐信息反馈给用户。

小朋友可能都玩过这样的游戏，就是一个小朋友蒙上眼睛，其他小朋友对着蒙上眼睛的小朋友说话，由蒙着眼睛的小朋友根据声音猜测是谁在说话。一般情况下，如果蒙上眼睛的小朋友跟说话的小朋友很熟悉，而且说话的小朋友也不故意变换声音说话（即用自己正常的声音来说话），蒙上眼睛的小朋友很容易猜中到底是谁在说话。

之所以会这样，实际上我们的大脑也是"收集"到了所听声音的特征，然后去大脑的记忆中寻找最相似的片段，并做出判断。可能很多小朋友说，我们没有专门去"收集"声音特征呀，这主要在于我们的大脑太过强大，以至于我们没有对这个过程很在意。仔细想一下，其实我们在听声音的时候也会"提取特征"，比如根据声音的"粗细"判断是男生还是女生，根据声音是否"清脆"判断是成年人还是小朋友。还有很多不容易描述的特征，虽然不能用文字叙述出来，但每个声音所拥有的特征还是被我们的大脑记录了下来。

搜索的发展

小夏妈妈说:"你们现在会觉得搜索引擎已经很强大了,对吧?但事实上,随着科技的发展,搜索引擎也在不断发展。让我们了解一下吧。"

1. 实时搜索

所谓实时搜索,指的是能够根据用户搜索当时的背景情况来反馈搜索的结果。这个背景可能是多样的,例如位置、时间、当下流行趋势等。普通的搜索,多是"静态"的搜索,实时搜索能根据信息,推荐给用户当下关心的搜索内容。

例如,我们想要去呼伦贝尔大草原玩,在去之前想使用搜索引擎搜索一下呼伦贝尔大草原现在的景色如何。

如果搜索引擎有实时搜索的功能,那么它会根据当前的季节反馈不同的景色图片。下图是春夏季节搜索可能反馈的结果。

而如果是在秋冬季节搜索,可能反馈的就是如下的结果。

2. 移动搜索

有了手机、笔记本电脑,搜索可以随时随地实现。移动搜索的最大特点就是更容易搜索本地的相关信息,而且移动搜索一般会记录用户的搜索习惯,更容易搜索出定制化的内容。同时,移动搜索由于设备的局限性,搜索结果的呈现会更紧凑。

3. 跨语言搜索

普通的搜索只能搜索特定语言的内容,比如中文或英文。在实际生活中,特别是在科学研究中,了解世界各个国家的先进技术是非常必要的,所以跨语言搜索也非常有用。

在跨语言搜索的时候,最重要的就是翻译了,我们通过一个小游戏来体验翻译的过程吧。

小朋友 A 在纸上写"跑步"。

小朋友 B 通过肢体动作表演给小朋友 C。

小朋友 C 说出最初纸上写的内容。

在这个场景中,假设小朋友 A、C 语言不通,那么小朋友 B 的作用就是翻译。通过小朋友 B 就可以实现小朋友 A、C 的相互交流了。但是我们在实际游戏中会发现,如果小朋友 B 肢体动作不到位,或者小朋友 C 不能很好地理解肢体语言,那么最后翻译的结果会与小朋友 A 的原始意思有差别。

随着自然语言处理技术的进步,翻译的效果也一直在提升。下面介绍几种常见的跨语言搜索的方法。

1)提问式翻译方法。以中文搜索英文为例,首先将中文问题翻译为英文问题,然后使用英文的搜索引擎进行搜索,这时候检索到的也是英文的内容,最后反馈的结果是原汁原味的英文网页,没有添加翻译,这能够保证搜索结果的准确性。这种方式有一个不好的地方就是,不能直接使用中文阅读。如果英文水平不够好,则会产生阅读障碍。

2)文献翻译式方法。这种方式不翻译问题,而是翻译待检索的页面,这样问题与待检索的页面都是中文,就与我们的中文搜索

无差别了,最后反馈的也是中文内容,方便阅读。但这种方式需要注意的是,文献的自动翻译技术还有很多发展空间,对于一些页面的翻译可能不符合中文的阅读习惯,或者与英文原文有偏差。

3)提问式文献翻译方法。这种方式与第一种方式类似,只不过在最后反馈的时候,将检索到的英文结果翻译成了中文,方便使用者阅读。

4)中间翻译方法。我们看如下的场景:假如搜索的问题是中文输入的,最终返回的搜索结果也是中文的;搜索引擎是英文的搜索引擎;而待检索的页面是非中文也非英文的内容(此处假设为拉丁语)。对于该场景,中间翻译法的搜索过程是:首先将中文输入的提问(搜索内容)翻译成英文,再将待检索的页面翻译为英文内容,检索成功后,再将原文为拉丁文的检索结果翻译为中文反馈。

4. 情境搜索

情境搜索是综合考虑用户背景、兴趣

爱好以及环境的智能化搜索，前提是搜索引擎对你有一定的了解。搜索引擎一般从用户的基本信息、历史浏览内容等对用户进行了解。

用户基本信息

篮球　　　　　旅游　　　　　骑行

用户历史浏览内容

例如一个用户在浏览旅游信息后,想要搜索"鸟巢",那么搜索引擎会优先推荐国家体育场的图片而不是鸟筑巢的图片。

 我想搜索"鸟巢"

优先推荐

旅游　　　　搜索引擎　　　其次推荐

5. 个性化搜索

个性化搜索与情景搜索类似，也是需要对用户有一定的了解，才能进行有针对性的搜索。

除此之外，用户还可以设定自己的"标签"，例如自己的爱好或者感兴趣的事物。用户自己设定标签比搜索引擎通过历史探索用户的喜好，更加快速准确。所以下次你在尝试搜索的时候，可以先设定一下自己感兴趣的话题，看一看搜索内容有没有变得更符合你的喜好。

后 记

科普教育之北京科学中心

小朋友们，读完本书，你们是不是觉得科技能帮助我们很多呢？科技真是太奇妙了，小朋友们要想了解更多、更热门的科技知识，我推荐你们来北京科学中心看看，那里会有很多和科普教育相关的素材和活动，小朋友们可以关注中心的网站获取信息（http://www.bjsc.net.cn/#/home）。